ICS 01.140
A 14
备案号:43466－2014

WH

中华人民共和国文化行业标准

WH/T 64—2014

电子连续性资源元数据规范

Electronic continuing resources metadata specifications

2014－01－06 发布　　2014－04－01 实施

中华人民共和国文化部　发布

图书在版编目(CIP)数据

WH/T 64—2014 电子连续性资源元数据规范/中华人民共和国文化部发布. --北京:国家图书馆出版社,2015.12

中华人民共和国文化行业标准

ISBN 978-7-5013-5750-5

Ⅰ.①W… Ⅱ.①中… Ⅲ.①电子图书—连续出版物—数据管理—规范—中国 Ⅳ.①G255.75-65

中国版本图书馆 CIP 数据核字(2015)第 292023 号

书　　名　WH/T 64—2014 电子连续性资源元数据规范
著　　者　中华人民共和国文化部　发布
责任编辑　高　爽　王炳乾

出　　版　国家图书馆出版社(100034　北京市西城区文津街 7 号)
　　　　　(原书目文献出版社　北京图书馆出版社)
发　　行　010-66114536　66126153　66151313　66175620
　　　　　66121706(传真),66126156(门市部)
E-mail　nlcpress@ nlc. cn(邮购)
Website　www. nlcpress. com ——→投稿中心
经　　销　新华书店
印　　装　北京科信印刷有限公司
版　　次　2015 年 12 月第 1 版　2015 年 12 月第 1 次印刷

开　　本　889×1194(毫米)　1/16
印　　张　2.25
字　　数　28 千字

书　　号　ISBN 978-7-5013-5750-5
定　　价　20.00 元

目　　次

前　　言

本标准按照 GB/T 1.1—2009 给出的规则起草。

请注意本文件的某些内容可能涉及专利。本文件的发布机构不承担识别这些专利的责任。

本标准由全国图书馆标准化技术委员会(SAC/TC 389)提出并归口。

本标准起草单位:国家图书馆、中国科学院文献情报中心、辽宁省图书馆。

本标准起草人:谢强、梁蕙玮、萨蕾、韩超、王文玲、张建勇、刘峥、邱玉婷、卢丹、吴丽杰。

电子连续性资源元数据规范

1 范围

本标准规定了电子连续性资源的范围、著录对象、著录对象间的关系，确立了电子连续性资源元数据规范的元素集及扩展规则，并详细定义了元素及其修饰词。

本标准针对电子连续性资源（包括原生和派生的电子连续性资源）的内容和外观特征，进行规定，本标准主要是针对电子连续性资源的通用性元素进行设计，如需要描述特定类型的元素，可以在本标准元数据框架的基础上，进行扩展。

2 规范性引用文件

下列文件对于本文件的应用是必不可少的。凡是注日期的引用文件，仅所注日期的版本适用于本标准。凡是不注日期的引用文件，其最新版本（包括所有的修改版）适用于本文件。

GB/T 3792.3—2009　文献著录　第3部分:连续性资源

GB/T 4880.2—2000　语种名称代码　第2部分:3字母代码

GB/T 7408—2005　数据元和交换格式　信息交换　日期和时间表示法

GB/T 18391.3—2009　信息技术　元数据注册系统(MDR)　第3部分:注册系统元模型与基本属性

GB/T 25100—2010　信息与文献　都柏林核心元数据元素集

Powell A, Nilsson M, Naeve A, et al. DCMI Abstract Model[EB/OL]. (2007-06-04)[2012-09-21]. http://dublincore.org/documents/abstract-model/.

DCMI Usage Board. DCMI Metadata Terms[EB/OL]. (2012-06-14)[2012-09-21]. http://dublincore.org/documents/dcmi-terms/.

Wolf M, Wicksteed C. Date and Time Formats[EB/OL]. (1997-09-15)[2012-09-21]. http://www.w3.org/TR/NOTE-datetime.

T Berners-Lee, R Fielding, L Masinter. Uniform Resource Identifier (URI): Generic Syntax[EB/OL]. (2005-01)[2012-09-21]. http://www.ietf.org/rfc/rfc3986.txt.

3 术语和定义

下列术语和定义适用于本文件。

3.1

DCMI—都柏林核心元数据计划　DCMI-Dublin Core Metadata Initiative

都柏林核心元数据元素集的维护机构。

[GB/T 25100—2010，定义3.1]

3.2

元数据　metadata

定义和描述其他数据的数据。

[GB/T 18391.3—2009,定义 3.2.18]

3.3

描述元数据　descriptive metadata

对信息资源本身的内容、属性、外在特征进行描述的元数据。

3.4

元素　element

元数据集合中用于定义和描述数据的基本单元,由一组属性描述、定义、标识,并允许值限定。

3.5

修饰词　qualifier

当元素无法满足对资源对象的精确描述需要时进一步扩展出的术语。

注:修饰词包括两种类型:元素修饰词和编码体系修饰词。

3.6

元素修饰词　element refinement

对元素的语义进行修饰,提高元素的专指性和精确性。

3.7

编码体系修饰词　encoding scheme

用来帮助解析某个术语值的上下文信息或解析规则。其形式包括受控词表、规范表或者解析规则。

3.8

规范文档　authority file

说明著录元素内容时依据的各种规范。

3.9

连续性资源　continuing resources

一种在发行时间上没有终止日期的资源。

[改写自 GB/T 3792.3—2009,定义 3.19]

3.10

电子连续性资源　electronic continuing resources

以数字形式制作、出版、存取和使用的连续性资源,一般以磁性或电子载体为存储载体,并借助一定的阅读软件和设备读取。

3.11

复用　reuse

在元数据应用过程中,对于其他元数据标准中已经有明确定义并适用于本应用领域的元素的直接使用,并在使用时明确标明其地址。

4 电子连续性资源著录

4.1 著录单位

电子连续性资源一般以具有独立标识的一个电子连续性资源为著录单位,即以资源的“种”为著录单位,比如一种期刊/会议录,一种报纸/年鉴等;当出现某一单册有特殊的内容、题名、责任者的情况时,也可以电子连续性资源的一个单册作为著录单位。

正题名有大变动,例如连续性资源题名的文字有较大的增、删、改变动或者主题含义发生变更,或者题名中涉及的团体名称发生变化时,则需要做新记录。正题名小变动、责任说明变动、前后出版者等变动不可著录于著录的主要部分,而是著录于附注元素中;新旧记录的连接在关联元素中注明。关于大变动和小变动的区别,可参照 GB/T 3792.3—2009 中相关规定进行识别。

4.2 著录对象

本标准所指的电子连续性资源包括由印刷型连续性资源数字化而成的派生电子连续性资源及原生电子连续性资源。

4.3 著录信息源

著录信息源来自被著录的信息资源本身,资源本身信息不足,可参考其他信息源或者其他有关文献资料。应该首选为著录各元素/修饰词提供较全面数据的主要信息源,如所著录文献缺少主要信息源,可从各元素项最充分的其他信息源中选取著录信息。取自主要信息源以外的信息,或编目员自拟的著录内容,建议在著录时视需要在附注项说明著录来源。

5 元素集及扩展原则

5.1 元素集

电子连续性资源的元数据元素集共 16 个元素,见表 1。如有特别需要,可进行本地扩展。

表 1 电子连续性资源元数据元素及修饰词列表

元素(标签)	元素修饰词	编码体系修饰词	复用其他标准
题名			dc:title
	其他题名		dcterms:alternative
创建者			dc:creator
主题			dc:subject
	分类号	中国图书馆分类法(CLC) 杜威十进分类法(DDC) 美国国会图书馆分类法(LCC) 国际十进分类法(UDC) 中国科学院图书馆图书分类法(LASC)	

表1 电子连续性资源元数据元素及修饰词列表(续)

元素(标签)	元素修饰词	编码体系修饰词	复用其他标准
	主题词	美国国会图书馆主题词表(LCSH) 医学主题词表(MeSH) 汉语主题词表(CT) 中国分类主题词表(CCT)	
	关键词		
描述			dc:description
	附注		
出版者			dc:publisher
其他责任者			dc:contributor
日期		GB/T 7408—2005	dc:date
	开始日期		
	终止日期		
类型			dc:type
格式		IMT	dc:format
	资源载体		dcterms: medium
标识符		统一资源标识符(URI) 国际标准连续出版物编号(ISSN) 国际标准图书编号(ISBN) 电子期刊的国际标准连续出版物号(EISSN) 国际 CODEN 组织分配的连续出版物代码(CODEN) 国内统一书刊号(CN) 数字对象唯一标识符(DOI)	dc:identifier
语种		GB/T 4880.2—2000 RFC 4646	dc:language
出版频率			
关联		URI ISSN DOI	dc:relation
	包含		dcterms:hasPart
	包含于		dcterms:isPartOf
	继承		
	被继承		
	吸收		
	被吸收		
	合并		
	与……合并		
	分解成		

表 1　电子连续性资源元数据元素及修饰词列表(续)

元素(标签)	元素修饰词	编码体系修饰词	复用其他标准
	分解自		
	其他版本		dcterms:hasVersion
	原版本		dcterms:isVersionOf
	参照		dcterms:references
	被参照		dcterms:isReferencedBy
	其他格式		dcterms:hasFormat
	原格式		dcterms:isFormatOf
来源		URI DOI	dc:source
权限			dc:rights
	版权拥有者		dcterms:rightsHolder
	使用权限		dcterms:accessRights
馆藏信息			mods:location
	馆藏范围		

5.2　扩展原则

5.2.1　现有元数据标准中,如果没有恰当的元素可供复用,允许自行扩展元素。

5.2.2　自行扩展的元素不能和已有的元素有任何语义上的重复。

5.2.3　扩展的修饰词必须遵循向上兼容原则,即修饰词在语义上不能超出被修饰词(元素)的语义。

5.2.4　新增加的元素和修饰词须优先采用 DCMI 中的元素和修饰词,或者是现有其他元数据标准中的元素和修饰词。

5.2.5　新增元素如果复用来自其他元数据标准的元素或修饰词,必须说明来源,使用时严格遵循其语义。

6　元素集及元素定义说明

在本标准中,元素名称为小写英文,当名称为两个或两个以上英文单词时,词间应空格,并保证与其他语种的元数据标准(如 DC)应用保持语义一致性;标签为中文,便于人们阅读。

本标准所有元素/修饰词均为非限制性的,如果在特定的项目或应用中使用,可进行必要的扩展,并增加使用说明。本标准中的元素描述及示例中有可能涉及扩展描述。

本标准中的标签只是元素名的一个语义属性,在具体的应用领域,为突出资源的个性和元数据的专指性,更好地体现该元素在具体应用中的语义,允许赋予其适合的标签,但语义上与原始定义不允许有冲突、不允许扩大原始定义的语义。

本标准定义的所有元素与顺序无关。同一元素多次出现,其排序可能是有意义的,但不能保证排序会在任何系统中保存下来。

为了便于理解与使用,每一元素后增加一些示例,说明其具体用法,但元素的使用当不限于示例所举。

为规范元数据标准中元素及修饰词等术语的定义，本标准所有元素术语的定义借鉴 DCMI 术语的定义方法以及 GB/T 18391.3—2009 标准，根据实际使用情况，按以下 14 个方面进行定义：

表 2　电子连续性资源元数据标准术语定义

序号	属性名	属性定义	约束
1	名称（Name）	赋予术语的唯一标记，一般为英文小写	必备
2	出处（Defined By）	一般给出定义术语（特别是给出术语“名称”与“统一资源标识符”）的来源名称及来源的 URI。如无来源名称与 URI，也可以是定义术语或维护术语的机构名称。或者也可以是书目引文，指向定义该术语的文献	必备
3	标签（Label）	描述术语的可读标签，一般为中文，可随资源不同选择不同的描述术语	必备
4	定义（Definition）	对术语概念与内涵的说明	必备
5	注释（Comments）	关于术语或其应用的其他说明，如特殊的用法等	可选
6	术语类型（Type of Term）	术语的类型。其值为：元素、元素修饰词和编码体系修饰词	必备
7	限定（Refines）	在定义元素修饰词时，在此明确指出该术语修饰的元素。一般给出所修饰元素的名称，推荐同时给出 URI	有则必备
8	元素修饰词（Refined By）	在定义元素时，在此项中给出限定此元素的元素修饰词。一般给出元素修饰词的名称，但允许按中文习惯引用其标签，推荐同时给出 URI	有则必备
9	编码体系应用于（Encoding Scheme For）	在定义编码体系修饰词时，在此给出该术语修饰的元素。一般给出所修饰元素的名称，推荐同时给出 URI	有则必备
10	编码体系修饰词	在定义元素时，如果元素有编码体系修饰词，在此给出编码体系修饰词，一般给出术语的名称，推荐同时给出 URI	有则必备
11	数据类型（Datatype）	术语允许取值的数据类型	可选
12	版本（version）	产生该术语的元数据规范版本	可选
13	语言（Language）	说明术语的语言	可选
14	频次范围（Occurrence）	术语使用的频次范围。采用区间的表示方法：[min，max]，同时包括了对必备性和最大使用频率的定义。如：min = 0 表示可选；min = 1 表示必备；max = ∞ 表示最大使用频率没有限制	可选

注：为了便于广泛使用，元数据标准应该定义尽量宽泛；其中 7—10 仅在核心集扩展时使用，上述 14 个属性可以固定取值的：

a）版本：1.0

b）语言：缺省为简体中文

c）数据类型：字符串

d）频次范围：一般不限，为[0，∞），在制订著录规则时应给出实际的范围

7 元素及其修饰词定义

7.1 元素

7.1.1 题名

名称:title

出处:http://dublincore. org/documents/dces/

标签:题名

定义:记录电子连续性资源的题名信息。

注释:包含期刊、连续性会议录、年鉴等资源题名。

术语类型:元素

元素修饰词:其他题名(alternative)

示例:

题名:Accounting education: a journal of theory,practice and research

7.1.2 创建者

名称:creator

出处:http://dublincore. org/documents/dces/

标签:创建者

定义:创建电子连续性资源内容的主要责任者。

注释:创建者可以包括个人、组织或者某项服务。通常用创建者的名称来标识这一条目。

术语类型:元素

示例:

创建者:美国微软公司

7.1.3 主题

名称:subject

出处:http://dublincore. org/documents/dces/

标签:主题

定义:电子连续性资源内容的主题描述。

注释:一般采用分类号和主题词来描述,建议使用受控词表;也可著录关键词。

术语类型:元素

元素修饰词:分类号(classification);主题词(subject heading);关键词(keyword)

示例 1:

主题:分类号:TP39(取自《中国图书馆分类法》)

示例 2:

主题:主题词:电子政务(取自《中国分类主题词表》)

7.1.4 描述

名称:description

出处:http://dublincore.org/documents/dces/

标签:描述

定义:电子连续性资源内容的说明及其他文字说明等。

注释:描述内容为连续性资源内容特征和形式特征,包含资源的附加信息、学科范围等信息。

术语类型:元素

元素修饰词:附注(note)

示例:

描述:Targets design professionals who are active in web site development and production.

7.1.5 出版者

名称:publisher

出处:http://dublincore.org/documents/dces/

标签:出版者

定义:电子连续性资源出版机构名称。

注释:如果出版者名称的简短形式能够被理解和清楚地识别,则可以著录简短的形式;如果同时有出版者和发行者,只著录出版者;如果没有标明出版机构,可著录发行者名称。

术语类型:元素

示例:

出版者:Public Health Service, National Institutes of Health

7.1.6 其他责任者

名称:contributor

出处:http://dublincore.org/documents/dces/

标签:其他责任者

定义:对电子连续性资源的知识或艺术内容的制作或为其实现负责或做出贡献的创建者之外的任何实体(团体或个人)。通常用其他责任者的名称来标识这一条目。建议为其他责任者名称建立规范档。具体应用时,宜采用 *UNIMARC Manual: Bibliographic Format* 中"附录 C:责任关系词代码"(Appendix C: Relator Codes)对"其他责任者"元素进行限定。

注释:如有一个以上其他责任者时,重复本元素。

术语类型:元素

示例:

其他责任者:张晓林

7.1.7 日期

名称:date

出处:http://dublincore.org/documents/dces/

标签:日期

定义:记录与电子连续性资源生存周期相关的日期。

注释:采用的日期格式应符合 GB/T 7408—2005 标准,建议采用 YYYY-MM-DD 的格式著录。

术语类型:元素

元素修饰词:开始日期(start date);终止日期(end date)

编码体系修饰词:GB/T 7408—2005

示例1:

开始日期:2009-03-05

编码体系修饰词:GB/T 7408—2005

示例2:

终止日期:2006-08-12

编码体系修饰词:GB/T 7408—2005

7.1.8 类型

名称:type

出处:http://dublincore.org/documents/dces/

标签:类型

定义:电子连续性资源的内容特征和类型。

注释:它包括描述资源内容的分类范畴、功能、特性或集合层次的术语,建议采用来自于受控词表中的值,如DCMIType类型词汇表。

术语类型:元素

示例:

类型:电子期刊(取自《国家图书馆专门元数据设计规范》的《信息资源分类表》)

7.1.9 格式

名称:format

出处:http://dublincore.org/documents/dces/

标签:格式

定义:电子连续性资源的文件格式。

注释:取值参照:IMT(因特网媒体类型)。

术语类型:元素

元素修饰词:资源载体(medium)

编码体系修饰词:IMT

示例:

格式:text/xml

编码体系修饰词:IMT

7.1.10 标识符

名称:identifier

出处:http://dublincore.org/documents/dces/

标签:标识符

定义:在特定范围内给予电子连续性资源的一个明确的标识。

注释:建议采用正式标识体系的字符串进行标识。

术语类型:元素

编码体系修饰词:包括但不限于:URI;ISSN;ISBN;EISSN;CODEN;CN;DOI 等

示例 1:

标识符:1520 - 6149

编码体系修饰词:ISSN

示例 2:

标识符:3009. 26

编码体系修饰词:CN

示例 3:

标识符:10. 1007/s00261 - 012 - 9855 - 9

编码体系修饰词:DOI

7. 1. 11 语种

名称:language

出处:http://dublincore. org/documents/dces/

标签:语种

定义:电子连续性资源语种代码。

注释:建议采用语种名称代码,如 GB/T 4880. 2—2000、RFC 4646。

术语类型:元素

编码体系修饰词:GB/T 4880. 2—2000;RFC 4646

示例 1:

语种:chi

编码体系修饰词:GB/T 4880. 2—2000

示例 2:

语种:zh

编码体系修饰词:RFC 4646

7. 1. 12 出版频率

名称:publishing frequency

出处:国家图书馆电子连续性资源元数据规范与著录规则

标签:出版频率

定义:电子连续性出版物出版的时间间隔。

注释:若资源为不定期出版,可在此元素中注明为“不定期”,具体以出版时间为参考。

术语类型:元素

示例:

出版频率:Bimonthly

7. 1. 13 关联

名称:relation

出处:http://dublincore. org/documents/dces/

标签:关联

定义:用于描述相关电子连续性资源。

注释:描述与当前电子连续性资源相关的资源,建议采用符合某一正式标识体系的字符串或数字标识资源,如 ISSN 等。

术语类型:元素

元素修饰词:包含(has part);包含于(is part of);继承(continues);被继承(is continued by);吸收(absorbs);被吸收(is absorbed by);合并(merge of);与……合并(is merged with);分解成(split into);分解自(is separated from);其他版本(has version);原版本(is version of);参照(references);被参照(is referenced by);其他格式(has format);原格式(is format of)

编码体系修饰词:URI;ISSN;DOI 等

示例:

关联:包含:0249 - 5643

编码体系修饰词:ISSN

7.1.14 来源

名称:source

出处:http://dublincore. org/documents/dces/

标签:来源

定义:当前电子连续性资源来源或所属集合的描述。

注释:著录电子连续性资源的出处信息,当前电子连续性资源可以是来源的全部或一部分。

术语类型:元素

编码体系修饰词:URI;DOI

示例:

来源:万方数据库

7.1.15 权限

名称:rights

出处:http://dublincore. org/documents/dces/

标签:权限

定义:电子连续性资源本身所有的或被赋予的权限信息。

注释:不同的权限可重复本元素。

术语类型:元素

元素修饰词:版权拥有者(rights holder);使用权限(access rights)

示例 1:

权限:版权拥有者:中国知网

示例 2:

权限:使用权限:国家图书馆

7.1.16 馆藏信息

名称:location

出处:http://www.loc.gov/standards/mods/mods-outline.html

标签:馆藏信息

定义:记录电子连续性资源的馆藏存放位置,包括物理地址和URL地址等。

术语类型:元素

元素修饰词:馆藏范围(holding)

示例:

馆藏信息:国家图书馆典藏阅览室(附注:CD光盘)

7.2 元素修饰词

7.2.1 其他题名

名称:alternative

出处:http://purl.org/dc/terms/

标签:其他题名

定义:正题名之外的其他所有题名,包括并列题名、缩略题名等。

注释:包括缩略题名、翻译题名、并列题名等。

术语类型:元素修饰词

限定:题名(title)

示例:

其他题名:Science in China. Series G

7.2.2 分类号

名称:classification

出处:国家图书馆电子连续性资源元数据规范与著录规则

标签:分类号

定义:根据特定分类法给电子连续性资源赋予的分类标识。

注释:根据特定分类法给出的反映文献内容的分类标识,可以有多个。

术语类型:元素修饰词

限定:主题(subject)

编码体系修饰词:包括但不限于:CLC;DDC;LCC;UDC;LASC

示例:

分类号:G254.3

编码体系修饰词:CLC

7.2.3 主题词

名称:subject heading

出处:国家图书馆电子连续性资源元数据规范与著录规则

标签:主题词

定义:根据特定主题词表对文献进行标引所采用的词或短语。

注释:主题词应严格参照主题规范词表著录。

术语类型:元素修饰词

限定:主题(subject)

编码体系修饰词:包括但不限于:LCSH;MeSH;CT;CCT

示例:

主题词:信息检索

编码体系修饰词:CT

7.2.4 关键词

名称:keyword

出处:国家图书馆电子连续性资源元数据规范与著录规则

标签:关键词

定义:由编目员给出的表达电子连续性资源主题的词。

注释:概括文献主题内容的名词、术语等,可以是非控主题词。

术语类型:元素修饰词

限定:主题(subject)

示例:

关键词:算子矩阵

7.2.5 附注

名称:note

出处:国家图书馆电子连续性资源元数据规范与著录规则

标签:附注

定义:记录各种信息变更情况,包括变名、合并、转出等情况。

注释:题名、责任者、出版者和出版周期等元素发生小变动时,可以在附注元素中记录变化值和变更方式,建议按照格式:变更后内容;变更时间;处理方式。

术语类型:元素修饰词

限定:描述(description)

示例:

附注:Includes:Bibliography of Northwest materials.

7.2.6 开始日期

名称:start date

出处:国家图书馆电子连续性资源元数据规范与著录规则

标签:开始日期

定义:记录电子连续性资源最早一期的出版时间。

注释:尽可能著录为完整的日期格式,若没有详细数据,可以著录到月或者年;时间格式参照

GB/T 7408—2005 规定，日期形式采用 YYYY－MM－DD。

术语类型：元素修饰词

限定：日期（date）

编码体系修饰词：GB/T7408—2005

示例：

开始日期：1992－11－10

编码体系修饰词：GB/T7408—2005

7.2.7 终止日期

名称：end date

出处：国家图书馆电子连续性资源元数据规范与著录规则

标签：终止日期

定义：结束出版日期，记录电子连续性资源结束出版的日期。

注释：建议遵循规范：GB/T 7408—2005。

术语类型：元素修饰词

限定：日期（date）

编码体系修饰词：GB/T7408—2005

示例：

终止日期：2007－08－01

编码体系修饰词：GB/T7408—2005

7.2.8 资源载体

名称：medium

出处：http://purl. org/dc/terms/

标签：资源载体

定义：电子连续性资源存储的物理载体。

注释：用于说明网络版和光盘版的资源存储的介质类型，如数据库光盘的介质类型。

术语类型：元素修饰词

限定：格式（format）

示例 1：

资源载体：CD

示例 2：

资源载体：WEB

7.2.9 包含

名称：has part

出处：http://purl. org/dc/terms/

标签：包含

定义：说明此电子连续性资源包含了另一资源。

注释:被包含资源一般独立存在。元数据应用单位可根据具体应用采用其他编码体系修饰词。

术语类型:元素修饰词

限定:关联(relation)

编码体系修饰词:URI;ISSN;DOI

示例:

包含:0249 - 5643

编码体系修饰词:ISSN

7.2.10 包含于

名称:is part of

出处:http://purl. org/dc/terms/

标签:包含于

定义:说明此电子连续性资源是另一资源的组成部分。

注释:包含资源一般独立存在。元数据应用单位可根据具体应用采用其他编码体系修饰词。

术语类型:元素修饰词

限定:关联(relation)

编码体系修饰词:URI;ISSN;DOI

示例:

包含于:0395 - 0182

编码体系修饰词:ISSN

7.2.11 继承

名称:continues

出处:国家图书馆电子连续性资源元数据规范与著录规则

标签:继承

定义:说明所描述的电子连续性资源继承了一种先前出版的资源。

注释:先前的资源一般独立存在。元数据应用单位可根据具体应用采用其他编码体系修饰词。

术语类型:元素修饰词

限定:关联(relation)

编码体系修饰词:URI;ISSN;DOI

示例:

继承:0307 - 5273

编码体系修饰词:ISSN

7.2.12 被继承

名称:is continued by

出处:国家图书馆电子连续性资源元数据规范与著录规则

标签:被继承

定义:说明所描述的电子连续性资源被另一种后续出版的资源所继承。

注释:继承后的资源一般独立存在。元数据应用单位可根据具体应用采用其他编码体系修饰词。

术语类型:元素修饰词

限定:关联(relation)

编码体系修饰词:URI;ISSN;DOI

示例:

被继承:0308 - 4140

编码体系修饰词:ISSN

7.2.13 吸收

名称:absorbs

出处:国家图书馆电子连续性资源元数据规范与著录规则

标签:吸收

定义:说明此电子连续性资源吸收了其他资源,并保留了其自己的题名和编号系统。

注释:被吸收的资源一般独立存在。元数据应用单位可根据具体应用采用其他编码体系修饰词。

术语类型:元素修饰词

限定:关联(relation)

编码体系修饰词:URI;ISSN;DOI

示例:

吸收:0365 - 4915

编码体系修饰词:ISSN

7.2.14 被吸收

名称:is absorbed by

出处:国家图书馆电子连续性资源元数据规范与著录规则

标签:被吸收

定义:说明此电子连续性资源被另一种连续性资源吸收。

注释:吸收此电子连续性资源的连续性资源一般独立存在。元数据应用单位可根据具体应用采用其他编码体系修饰词。

术语类型:元素修饰词

限定:关联(relation)

编码体系修饰词:URI;ISSN;DOI

示例:

被吸收:0307 - 7667

编码体系修饰词:ISSN

7.2.15 合并

名称:merge of

出处:国家图书馆电子连续性资源元数据规范与著录规则

标签:合并

定义:说明此电子连续性资源是由两种或更多的先前出版的资源合并而成的。

注释:被合并的资源一般独立存在。元数据应用单位可根据具体应用采用其他编码体系修饰词。

术语类型:元素修饰词

限定:关联(relation)

编码体系修饰词:URI;ISSN;DOI

示例1:

合并:0365-8740

编码体系修饰词:ISSN

示例2:

合并:0365-8929

编码体系修饰词:ISSN

7.2.16 与……合并

名称:is merged with

出处:国家图书馆电子连续性资源元数据规范与著录规则

标签:与……合并

定义:说明此电子连续性资源已经与一种或更多的其他连续性资源合并形成一种新的连续性资源。

注释:参与合并的连续性资源一般独立存在。元数据应用单位可根据具体应用采用其他编码体系修饰词。

术语类型:元素修饰词

限定:关联(relation)

编码体系修饰词:URI;ISSN;DOI

示例:

与……合并:0524-5133

编码体系修饰词:ISSN

7.2.17 分解成

名称:split into

出处:国家图书馆电子连续性资源元数据规范与著录规则

标签:分解成

定义:说明此电子连续性资源分解成两种或更多连续性资源。

注释:分解后的连续性资源一般独立存在。元数据应用单位可根据具体应用采用其他编码体系修饰词。

术语类型:元素修饰词

限定:关联(relation)

编码体系修饰词:URI;ISSN;DOI

示例1:

分解成:0300-9629

编码体系修饰词:ISSN

示例 2：

分解成：0305－0491

编码体系修饰词：ISSN

7.2.18 分解自

名称：is separated from

出处：国家图书馆电子连续性资源元数据规范与著录规则

标签：分解自

定义：说明此电子连续性资源是由另一种连续性资源分解出的。

注释：被分解的连续性资源一般独立存在。元数据应用单位可根据具体应用采用其他编码体系修饰词。

术语类型：元素修饰词

限定：关联(relation)

编码体系修饰词：URI；ISSN；DOI

示例：

分解自：0356－0686

编码体系修饰词：ISSN

7.2.19 其他版本

名称：has version

出处：http://purl.org/dc/terms/

标签：其他版本

定义：说明另一资源是此电子连续性资源的不同版本。

注释：其他版本资源一般独立存在。元数据应用单位可根据具体应用采用其他编码体系修饰词。

术语类型：元素修饰词

限定：关联(relation)

编码体系修饰词：URI；ISSN；DOI

示例：

其他版本：http://www.manu.edu.mk/bjmg/electronic_library.htm

编码体系修饰词：URI

7.2.20 原版本

名称：is version of

出处：http://purl.org/dc/terms/

标签：原版本

定义：说明另一资源是此电子连续性资源的原版本。

注释：原版本的资源一般独立存在。元数据应用单位可根据具体应用采用其他编码体系修饰词。

术语类型：元素修饰词

限定：关联(relation)

编码体系修饰词:URI;ISSN;DOI

示例:

原版本:http://www. bjmg. edu. mk/

编码体系修饰词:URI

7.2.21 参照

名称:references

出处:http://purl. org/dc/terms/

标签:参照

定义:描述电子连续性资源参照、引用或以其他方式指向另一资源。

注释:被参照资源一般独立存在。元数据应用单位可采用其他编码体系修饰词。

术语类型:元素修饰词

限定:关联(relation)

编码体系修饰词:URI;ISSN;DOI

示例:

参照:http://mbc. oxfordjournals. org/

编码体系修饰词:URI

7.2.22 被参照

名称:is referenced by

出处:http://purl. org/dc/terms/

标签:被参照

定义:说明另一资源参照、引用或以其他方式指向此电子连续性资源。

注释:参照资源一般独立存在。元数据应用单位可采用其他编码体系修饰词。

术语类型:元素修饰词

限定:关联(relation)

编码体系修饰词:URI;ISSN;DOI

示例:

被参照:http://sysbio. oxfordjournals. org/

编码体系修饰词:URI

7.2.23 其他格式

名称:has format

出处:http://purl. org/dc/terms/

标签:其他格式

定义:描述另一资源派生自此电子连续性资源,且内容完全相同,仅以不同的格式存在。

注释:其他格式资源一般独立存在。元数据应用单位可采用其他编码体系修饰词。

术语类型:元素修饰词

限定:关联(relation)

编码体系修饰词:URI;ISSN;DOI

示例:

其他格式:http://chinesesites. library. ingentaconnect. com/content/0737-4038

编码体系修饰词:URI

7.2.24 原格式

名称:is format of

出处:http://purl. org/dc/terms/

标签:原格式

定义:描述此电子连续性资源派生于另一资源,且内容完全相同,仅以不同的格式存在。

注释:原格式资源一般独立存在。元数据应用单位可采用其他编码体系修饰词。

术语类型:元素修饰词

限定:关联(relation)

编码体系修饰词:URI;ISSN;DOI

示例:

原格式:http://afraf. oxfordjournals. org/

编码体系修饰词:URI

7.2.25 版权拥有者

名称:rights holder

出处:http://purl. org/dc/terms/

标签:版权拥有者

定义:拥有电子连续性资源的个体或机构的名称。

术语类型:元素修饰词

限定:权限(rights)

示例:

版权拥有者:中国知网

7.2.26 使用权限

名称:access rights

出处:http://purl. org/dc/terms/

标签:使用权限

定义:授权使用电子连续性资源的个人、机构及所授访问使用权限信息。

术语类型:元素修饰词

限定:权限(rights)

示例1:

使用权限:国家图书馆

示例2:

使用权限:中国科学院文献情报中心

7.2.27 馆藏范围

名称:holding

出处:国家图书馆电子连续性资源元数据规范与著录规则

标签:馆藏范围

定义:电子连续性出版物馆藏范围,包括完整的按年度顺序逐年累加的编年号、卷号、期号和专辑的名称等。

术语类型:元素修饰词

限定:馆藏信息(location)

示例:

馆藏范围:Vol. 27,no. 1,2011

7.3 编码体系修饰词

7.3.1 中国图书馆分类法

名称:CLC

出处:国家图书馆. 中国图书馆分类法. 第5版. 北京:国家图书馆出版社,2010

标签:中国图书馆分类法

定义:中国图书馆分类法。

术语类型:编码体系修饰词

编码体系应用于:分类号(classification)

示例:

分类号:J647.43

编码体系修饰词:CLC

7.3.2 杜威十进分类法

名称:DDC

出处:http://www.oclc.org/dewey/

标签:杜威十进分类法

定义:杜威十进分类法。

术语类型:编码体系修饰词

编码体系应用于:分类号(classification)

示例:

分类号:911

编码体系修饰词:DDC

7.3.3 美国国会图书馆分类法

名称:LCC

出处:http://classificationweb.net/

标签:美国国会图书馆分类法

定义:美国国会图书馆分类法。

术语类型:编码体系修饰词

编码体系应用于:分类号(classification)

示例:

分类号:Z666

编码体系修饰词:LCC

7.3.4 国际十进分类法

名称:UDC

出处:http://www.udcc.org/

标签:国际十进分类法

定义:国际十进分类法。

术语类型:编码体系修饰词

编码体系应用于:分类号(classification)

示例:

分类号:621.396.9

编码体系修饰词:UDC

7.3.5 中国科学院图书馆图书分类法

名称:LASC

出处:中国科学院图书馆图书分类法. 北京:科学出版社,1994

标签:中国科学院图书馆图书分类法

定义:中国科学院图书馆图书分类法。

术语类型:编码体系修饰词

编码体系应用于:分类号(classification)

示例:

分类号:58.19

编码体系修饰词:LASC

7.3.6 美国国会图书馆主题词表

名称:LCSH

出处:http://classificationweb.net/

标签:美国国会图书馆主题词表

定义:美国国会图书馆主题词表。

术语类型:编码体系修饰词

编码体系应用于:主题词(subject heading)

示例:

主题词:Clarinet and piano music

编码体系修饰词:LCSH

7.3.7 医学主题词表

名称:MeSH

出处:http://www.ncbi.nlm.nih.gov/mesh

标签:医学主题词表

定义:医学主题词表。

术语类型:编码体系修饰词

编码体系应用于:主题词(subject heading)

示例:

主题词:Nervous system neoplasms

编码体系修饰词:MeSH

7.3.8 汉语主题词表

名称:CT

出处:中国科学技术情报研究所,北京图书馆编. 汉语主题词表. 北京:科学技术文献出版社,1979

标签:汉语主题词表

定义:汉语主题词表。

术语类型:编码体系修饰词

编码体系应用于:主题词(subject heading)

示例:

主题词:通货膨胀

编码体系修饰词:CT

7.3.9 中国分类主题词表

名称:CCT

出处:中国图书馆分类法编辑委员会. 中国分类主题词表. 第2版. 北京:北京图书馆出版社,2005

标签:中国分类主题词表

定义:中国分类主题词表。

术语类型:编码体系修饰词

编码体系应用于:主题词(subject heading)

示例:

主题词:地方戏

编码体系修饰词:CCT

7.3.10 GB/T 7408—2005

名称:GB/T 7408—2005

出处:GB/T 7408—2005 数据元和交换格式 信息交换 日期和时间表示法

标签:数据元和交换格式 信息交换 日期和时间表示法

定义:关于日期和时间编码规则的国家标准。

术语类型:编码体系修饰词

编码体系应用于:日期(date);开始日期(start date);终止日期(end date)

示例:

日期:2009-03-08

编码体系修饰词:GB/T7408—2005

7.3.11 IMT

名称:IMT

出处:http://www.iana.org/assignments/media-types/index.html

标签:因特网媒体类型

定义:资源的因特网媒体类型。

术语类型:编码体系修饰词

编码体系应用于:格式(format)

示例:

格式:text/xml

编码体系修饰词:IMT

7.3.12 统一资源标识符

名称:URI

出处:http://www.ietf.org/rfc/rfc3986.txt

标签:统一资源标识符

定义:统一资源标识符。

术语类型:编码体系修饰词

编码体系应用于:标识符(identifier);关联(relation);包含(has part);包含于(is part of);继承(continues);被继承(is continued by);吸收(absorbs);被吸收(is absorbed by);合并(merge of);与……合并(is merged with);分解成(split into);分解自(is separated from);其他版本(has version);原版本(is version of);参照(references);被参照(is referenced by);其他格式(has format);原格式(is format of);来源(source)

示例:

标识符:http://www.dlf.net.cn/articleshow.asp? goods_name=2013%C4%EA%B5%DA1%C6%DA

编码体系修饰词:URI

7.3.13 国际标准连续出版物编号

名称:ISSN

出处:http://www.issn.org/

标签:国际标准连续出版物编号

定义:国际标准连续出版物编号。

术语类型:编码体系修饰词

编码体系应用于:标识符(identifier);关联(relation);包含(has part);包含于(is part of);继承(continues);被继承(is continued by);吸收(absorbs);被吸收(is absorbed by);合并(merge of);

与……合并(is merged with);分解成(split into);分解自(is separated from);其他版本(has version);原版本(is version of);参照(references);被参照(is referenced by);其他格式(has format);原格式(is format of)

示例:

标识符:1520 - 6149

编码体系修饰词:ISSN

7.3.14 国际标准图书编号

名称:ISBN

出处:http://www.isbn.org/standards/home/isbn/international/index.asp

标签:国际标准图书编号

定义:国际标准图书编号。

术语类型:编码体系修饰词

编码体系应用于:标识符(identifier)

示例:

标识符:7 - 88000 - 781 - 4

编码体系修饰词:ISBN

7.3.15 电子期刊的国际标准连续出版物号

名称:EISSN

出处:http://spec.nstl.gov.cn/specification/index.php? title = Eissn

标签:电子期刊的国际标准连续出版物号

定义:电子期刊的国际标准连续出版物号。

术语类型:编码体系修饰词

编码体系应用于:标识符(identifier)

示例:

标识符:1864 - 8312

编码体系修饰词:EISSN

7.3.16 国际 CODEN 组织分配的连续出版物代码

名称:CODEN

出处:International CODEN Directory (ISSN 0364 - 3670)

标签:国际 CODEN 组织分配的连续出版物代码

定义:国际 CODEN 组织分配的连续出版物代码。

术语类型:编码体系修饰词

编码体系应用于:标识符(identifier)

示例:

标识符:ZYHAE8

编码体系修饰词:CODEN

7.3.17 国内统一书刊号

名称:CN

出处:《中国标准连续出版物号》(GB/T 9999—2001)

标签:国内统一书刊号

定义:国内统一书刊号。

术语类型:编码体系修饰词

编码体系应用于:标识符(identifier)

示例:

标识符:3009.26

编码体系修饰词:CN

7.3.18 数字对象唯一标识符

名称:DOI

出处:http://www.doi.org/doi_handbook/TOC.html

标签:数字资源唯一标识符

定义:数字资源唯一标识符。

术语类型:编码体系修饰词

编码体系应用于:标识符(identifier);关联(relation);包含(has part);包含于(is part of);继承(continues);被继承(is continued by);吸收(absorbs);被吸收(is absorbed by);合并(merge of);与……合并(is merged with);分解成(split into);分解自(is separated from);其他版本(has version);原版本(is version of);参照(references);被参照(is referenced by);其他格式(has format);原格式(is format of);来源(source)

示例:

标识符:10.1007/s00261-012-9855-9

编码体系修饰词:DOI

7.3.19 GB/T 4880.2—2000

名称:GB/T 4880.2—2000

出处:GB/T 4880.2—2000,语种名称代码　第2部分:3字母代码

标签:语种名称代码　第2部分:3字母代码

定义:关于语种识别代码的国家标准。

术语类型:编码体系修饰词

编码体系应用于:语种(language)

示例:

语种:chi

编码体系修饰词:GB/T 4880.2—2000

7.3.20 RFC 4646

名称:RFC 4646

出处:http://www.ietf.org/rfc/rfc4646.txt

标签:RFC 4646 语种识别标签集合

定义:根据 RFC 4646 确定的语种识别标签集合。

术语类型:编码体系修饰词

编码体系应用于:语种

示例:

语种:zh

编码体系修饰词:RFC 4646

参考文献

[1] 肖珑,申晓娟.国家图书馆元数据应用总则规范汇编[M].北京:国家图书馆出版社,2011

[2] 郑巧英,王绍平,汪东波.国家图书馆管理元数据规范和应用指南[M].北京:国家图书馆出版社,2010

ISBN 978-7-5013-5750-5
9 787501 357505 >
定价：20.00 元